DANSE RITUELLE DU FEU
(EL AMOR BRUJO)

Arranged by
GREGOR PIATIGORSKY

M. DE FALLA

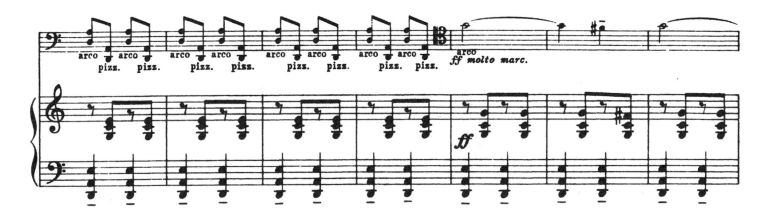

4

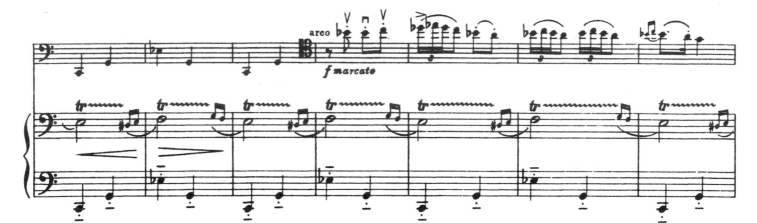

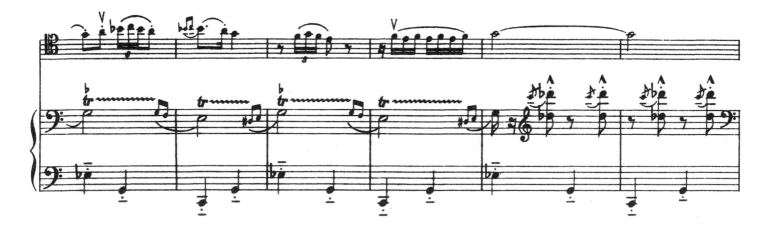

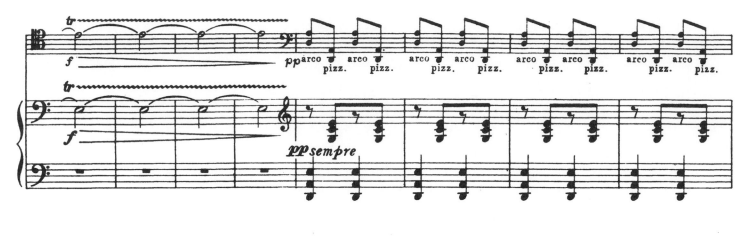

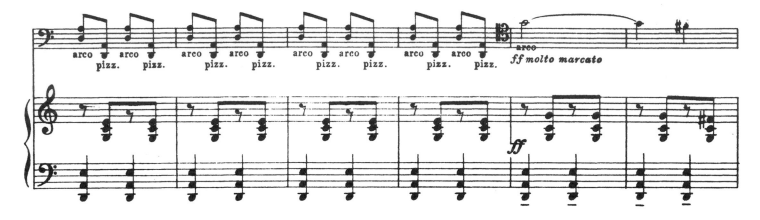

DANSE RITUELLE DU FEU
(EL AMOR BRUJO)

Arranged by
GREGOR PIATIGORSKY

M. DE FALLA

Allegro ma non troppo e pesante ($\quad$=126)

* "pizz." *to be played by left hand.*

CH 00933

SELECTED MUSIC FOR CELLO AND PIANO

APPLEBAUM	SHANTIH
BAKER	CANTILENA
BANTOCK	HAMABDIL HEBREW MELODY
BENTZON	SONATA
BERKELEY	ANDANTINO
BERKELEY	DUO
BJERRE	FIVE SHORT PIECES
FALLA	MILLER'S DANCE from *The Three Cornered Hat*
FALLA	TWO DANCES from *El Amor Brujo*
FLEMING	AIR AND DANCE
HEATH	ON FIRE
HEDWALL	CONCERTO (Pf red.)
JARNEFELT	BERCEUSE
LUTOSLAWSKI	GRAVE
MACONCHY	CONTEMPLATION
MOZART	SONATINA (Arr. Piatigorsky)
NEIKRUG	SUITE
NIELSEN	CANTO SERIOSO
PAGANINI	VARIAZIONI DI BRAVURA (Arr. Tortelier)
PALMGREN	ROCOCO
PALMGREN	THE SWAN (Sandby)
SIBELIUS	RELIGIOSO
SIBELIUS	ROMANCE
SVENDSEN	ROMANCE (Popper)
VALENSIN	MINUET (Piatigorsky)
VALENTINI	SONATA No. 10 (Tortelier)
WOOD	CELLO CONCERTO (Pf red.)

CHESTER MUSIC

poco a poco accel.

Vivo, ma giusto

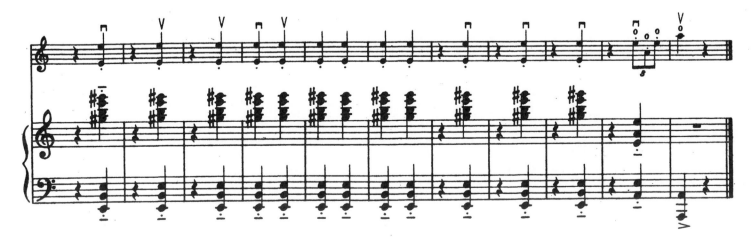

DANSE DE LA FRAYEUR
DANCE OF TERROR

(EL AMOR BRUJO)

Arranged by
GREGOR PIATIGORSKY

MANUEL de FALLA

© Copyright 1992 for all countries
Chester Music Limited, 8/9 Frith Street, London W1V 5TZ
Co-published for the territories of Spain,
Portugal and South America (excluding Brazil) by
Chester Music Limited and Manuel de Falla Ediciones.